Inhalt

Die Krankenschwester Lisa

Wo geht man hin, wenn man

vom  gefallen ist und sich

verletzt hat? Wo findet man

einen  oder eine , wenn

einem die wehtun? Wo

besucht man ein , das sich

das  gebrochen hat? Genau.

Im  natürlich. Und dort lernt

man dann auch die  Lisa

kennen. „Hallo!", ruft Lisa

allen  zu. „Wie geht's

euch denn heute?"

Fast immer ist die  gut

gelaunt. Sie schüttelt die

auf und bezieht die  neu.

Sie verteilt  und findet den

verlorenen  wieder.

Lisa serviert  ans 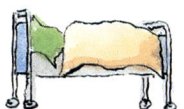 und

liest aus  vor. Sie hilft auch,

den  zu packen, wenn eines

der  wieder heimdarf.

Und wenn einem  mal was

danebengeht, holt sie schnell

einen  und einen

und wischt es einfach auf.

Lisa tut alles, damit sich

die  auch im  wohl

fühlen. Wer von einer  wie Lisa

gepflegt wird, ist garantiert schnell

wieder gesund.

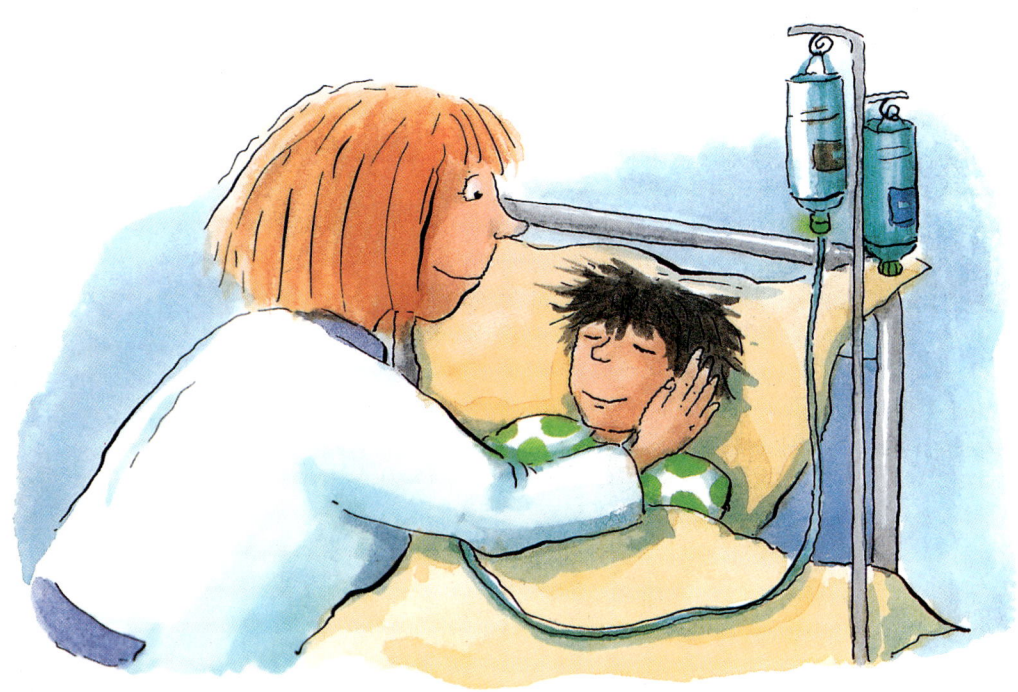

Nele hat keinen Appetit

Nele liegt unter ihrer dicken

im  . Trotzdem ist ihr kalt.

Die  Lisa kommt mit einem

großen  herein. Darauf

stehen eine  und eine  .

Auch das  hat sie mit. „Na,

wie geht's dir heute?", fragt Lisa.

„Hm", brummt Nele. Sie zieht

die 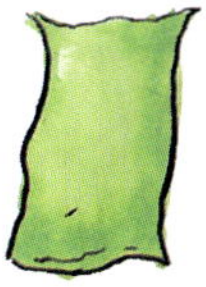  über die  . Lisa hält

das  an Neles . „Schon

viel besser", sagt sie.

„Meine sind wie “,

beklagt sich Nele. „Ich bringe dir

gleich eine “, sagt Lisa.

„Mag aber keine “,

sagt Nele. Lisa gießt ihr etwas in

die . „Mag nichts trinken“,

sagt Nele. „Wenn du nichts trinkst,

siehst du bald aus wie eine

vertrocknete “, sagt Lisa.

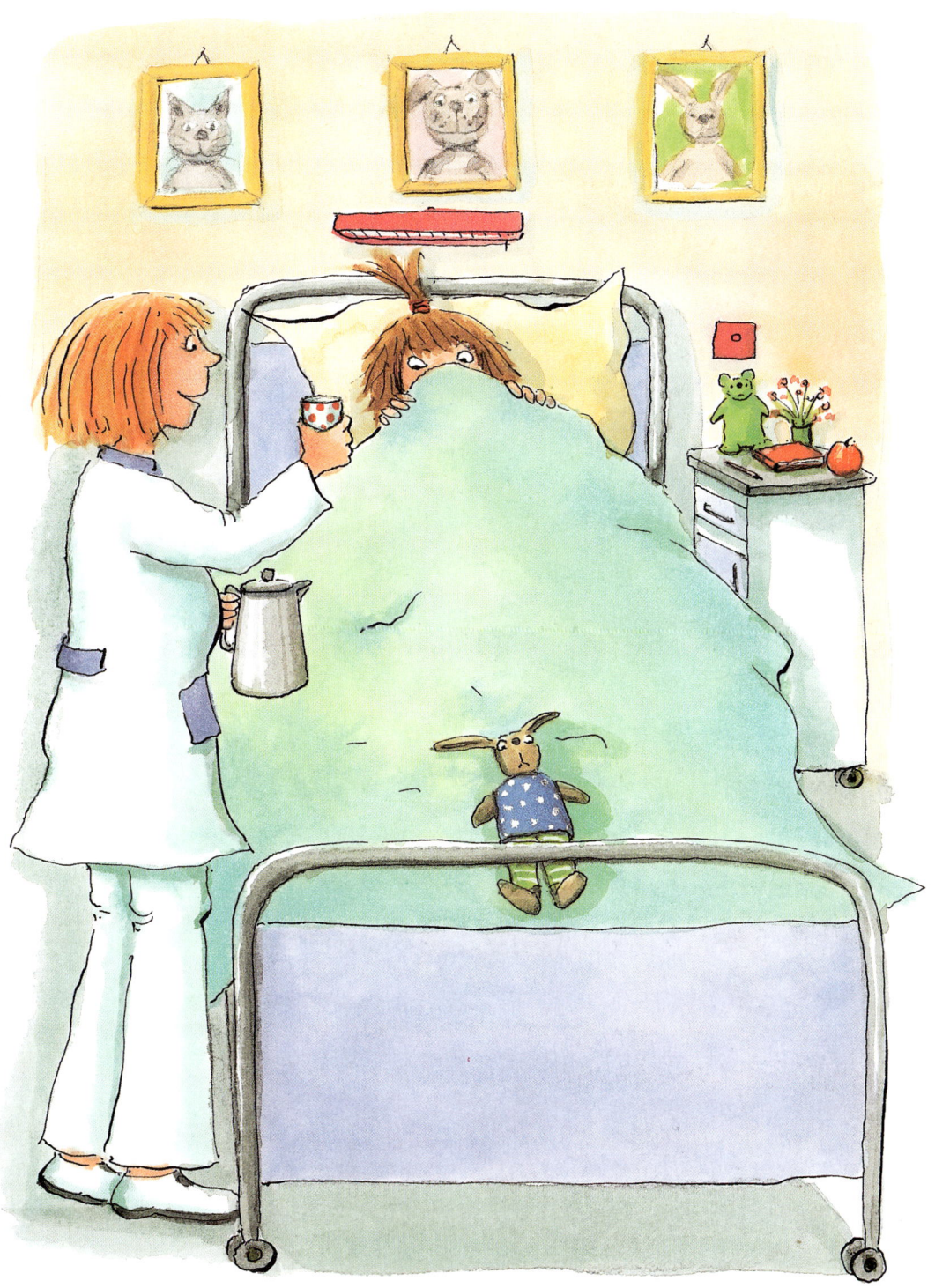

„Mir doch egal", erwidert Nele.

„Ich will gar nichts." „Na gut", sagt

die  und geht zur  .

Nele wundert sich. Lisa gibt doch

sonst nicht so schnell auf.

An der  bleibt Lisa noch mal

stehen. „Der  wird sich sicher

über den  freuen", sagt sie.

„Welchen  ?", fragt Nele.

„Wer nichts trinkt, mag bestimmt

auch keinen  ", sagt Lisa.

„Und wenn dein  übrig

bleibt, bekommt ihn der ."

Nele nimmt die  und trinkt.

„Vielleicht bin ich nachher auch

ein bisschen hungrig", sagt sie

zu Lisa. „Na, prima", sagt die  .

„Der freut sich noch mehr,

wenn es dir wieder besser geht."

Kasper fühlt sich einsam

Im  liegt ein 🧍, den

die 🚶 Lisa noch nicht kennt.

Er hat ein 🦵 und einen

dicken 💪 an der 🖐 .

Er sieht ziemlich traurig aus.

„Na, wo drückt denn der 👢 ?",

fragt Lisa den 🧍 .

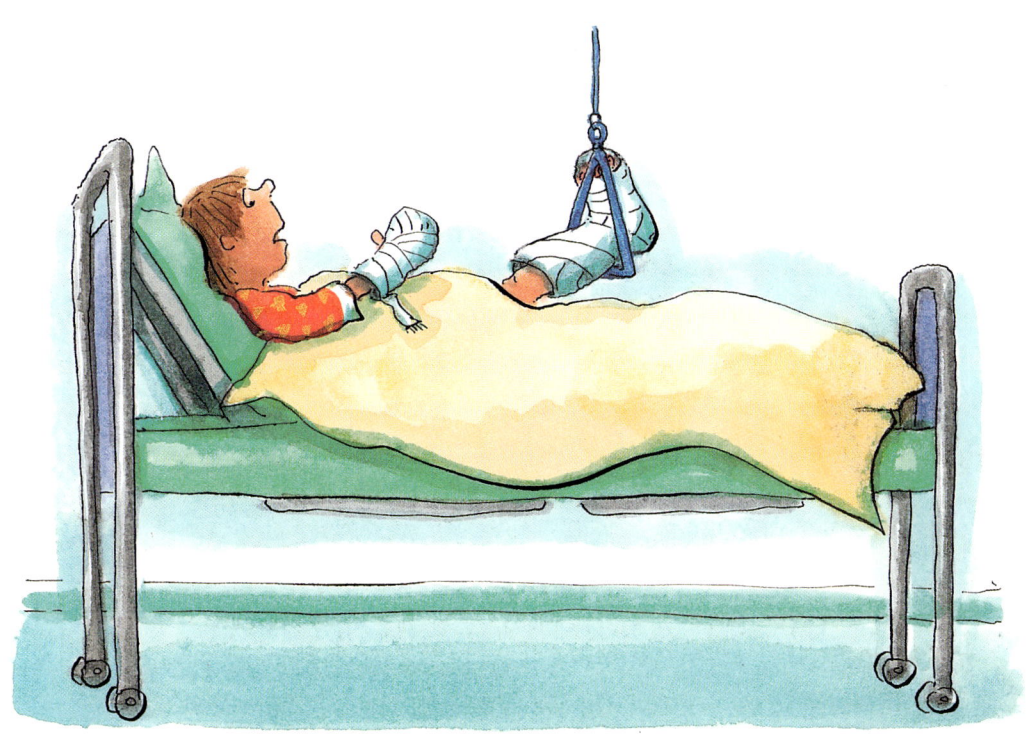

„Ich habe doch gar keine

an", sagt der  missmutig.

Die  setzt sich zu ihm auf

das 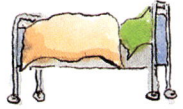 . „Tut dir was weh?",

fragt sie. „Nein", sagt der  .

„Und warum bist du so traurig?",

fragt sie. „Weiß nicht", sagt

der  . Lisa geht an den

und holt einen  heraus. Sie

schlüpft mit einer  hinein.

Der  trägt eine lange

mit einer   . „Oh, mir geht's ja

so schlecht", lässt die Lisa

den  jammern.

„Tut dir etwas weh?", fragt ihn

der . „Meine ", jammert

der . Der  lacht und fragt:

„Wie kommt denn das?"

„Der  hat mir eins

draufgegeben, und das

hat mich in den  gezwickt",

schluchzt der  .

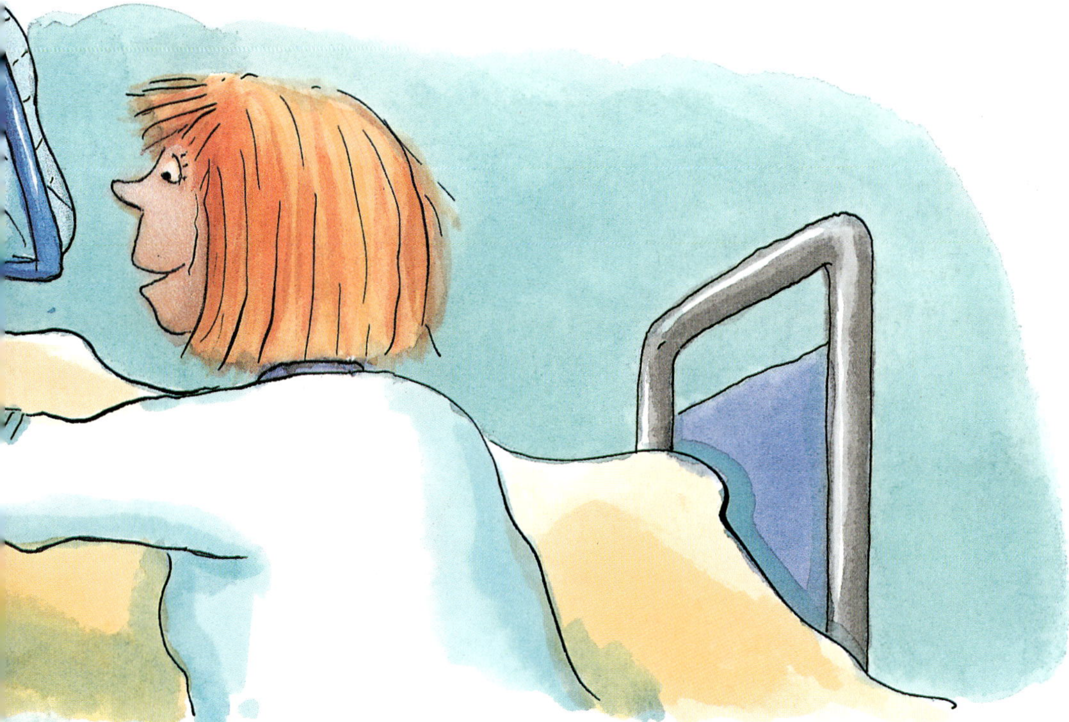

„Möchtest du bei mir bleiben?",

fragt der . „Darf ich?", fragt

der   Lisa. „Ich dachte,

deine   tut weh", sagt Lisa.

28

„Schon vorbei", sagt der

und bimmelt mit der  .

Er zeigt auf den  im 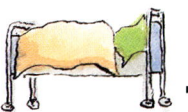 .

„Wie heißt der da eigentlich?"

„Ich heiße Tom", sagt der  .

Lisa streift den  ab, und

Tom stülpt ihn über seine

gesunde 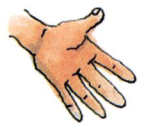 . „Dann unterhaltet

euch mal gut", sagt die  .

„Ich schau nachher wieder rein."

Kleine Überraschung

Die 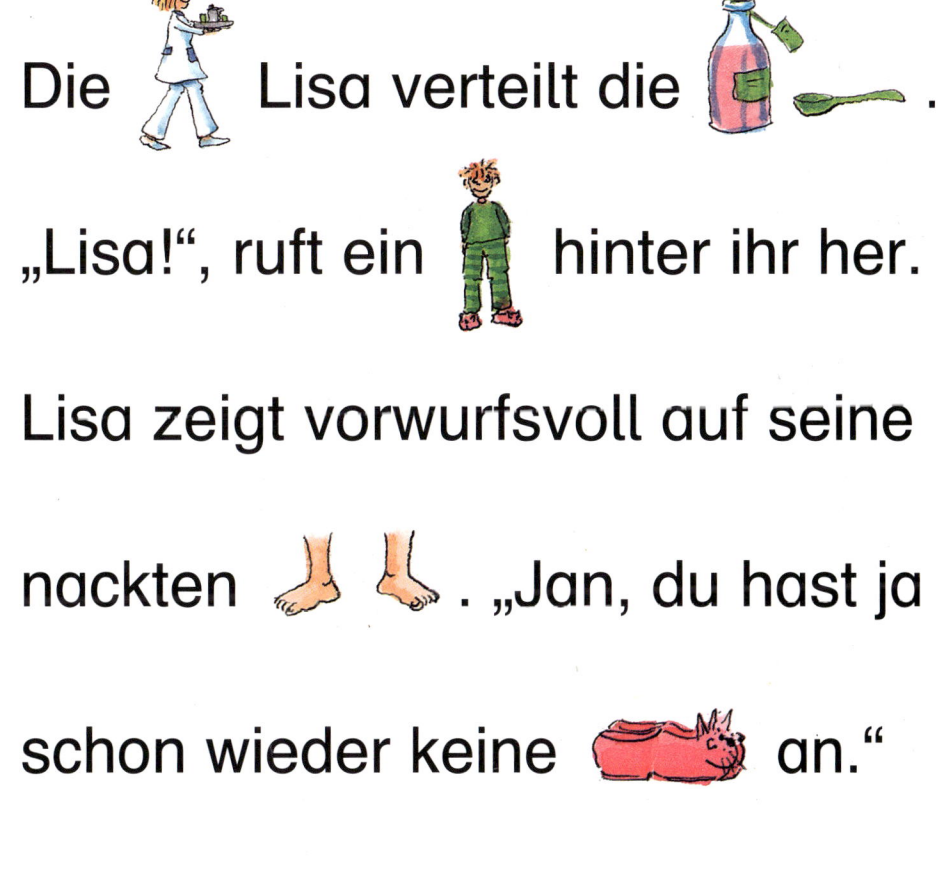 Lisa verteilt die .

„Lisa!", ruft ein hinter ihr her.

Lisa zeigt vorwurfsvoll auf seine

nackten . „Jan, du hast ja

schon wieder keine an."

Verlegen schaut Jan an sich

hinunter. „Tatsächlich", sagt er.

„Aber es ist doch so eilig. Irina

weint", fügt Jan hinzu. „Weißt du

auch, warum?", fragt die .

Jan schüttelt den .

Lisa setzt sich zu Irina ans  .

Dicke  kullern aufs  .

„Warum bist du denn so traurig?",

fragt Lisa das weinende  .

„Ich werde morgen sechs",

antwortet das  schniefend.

„Und im  kann niemand

mit mir feiern." „Das wollen wir erst

mal sehen", sagt die  .

Sie winkt Jan zu sich her und

tuschelt ihm etwas ins 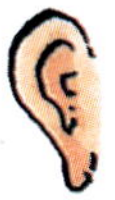  .

Der  nickt eifrig und rennt

davon. Diesmal sogar mit  .

Lisa bleibt an Irinas  sitzen.

„Pass mal auf", sagt die

tröstend. „Uns wird schon was

einfallen." Sie streichelt Irina sanft

über den . Erst als das

eingeschlafen ist, schleicht

die  hinaus.

Vor der  trifft sie Jan.

„Wissen es alle?", flüstert Lisa.

„Klar", antwortet Jan und huscht

schnell zurück ins 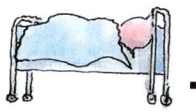 .

Als Irina morgens aufwacht, traut

sie ihren 👁 👁 nicht. Neben

einer  mit sechs  liegen

viele  auf ihrem  .

Ihr  ist mit bunten

geschmückt, und die lassen

sie hochleben. „Das haben wir gut

hinbekommen", sagt die .

Jan nickt. „Jetzt lacht sie wieder",

sagt er und strahlt die  an.

Dann zeigt Lisa auf seine  .

„Ups", sagt Jan. Da hat er doch

wieder seine  vergessen.

Die Wörter zu den Bildern

Baum

Kopfkissen

Arzt

Bettdecken

Ärztin

Tabletten

Ohren

Teddy

Kind

Kuchen

Bein

Bett

Kranken-
haus

Bücher

Kranken-
schwester

Koffer

 Eimer

 Wärm-
flasche

 Putzlappen

 Pflaume

 Tablett

 Tür

 Kanne

 Pudding

 Tasse

 Junge

 Fieber-
thermo-
meter

 Gipsbein

 Nase

 Verband

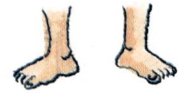 Füße

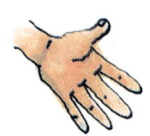 Hand

 Eiszapfen

 Schuh

 Schrank

 Kopf

 Kasper

 Tränen

 Mädchen

Mütze

 Glocke

  Augen

 Räuber

 Torte

 Krokodil

 Kerzen

 Po

 Päckchen

 Medizin

 Nachttisch

 Hausschuhe

 Luftballons

Werner Färber wurde 1957 in Wassertrüdingen geboren. Er studierte Anglistik und Sport in Freiburg und Hamburg und unterrichtete anschließend an einer Schule in Schottland. Seit 1985 arbeitet er als freier Übersetzer und schreibt Kinderbücher.

Pia Eisenbarth, 1960 geboren, studierte Grafik-Design in Wiesbaden. Sie arbeitet als Kinderbuchillustratorin und Zeichnerin für verschiedene Verlage, Kinderzeitschriften und Museen.

Mit Bildern lesen lernen

Geschichten vom Fußballplatz

Werner Färber
Rooobert Bayer

Geschichten von der Dachboden-Bande

Hermien Stellmacher

Geschichten vom kleinen Feuerwehrmann

Werner Färber
Jan Birck

Geschichten vom kleinen Indianer

Werner Färber
Gabi Selbach

Geschichten aus der Schule

Werner Färber
Klaus Puth

Geschichten vom kleinen Pony

Werner Färber
Sabine Kraushaar

ebenfalls erschienen:
Bildermaus-Geschichten vom kleinen Pinguin
Bildermaus-Geschichten vom kleinen Weihnachtsmann

Stufe für Stufe zum Leseerfolg!